SMETTERE DI LAVORARE

Tutta la verità sulle rendite passive

Di Carlos Perez

COPYRIGHT

YourOwnSolution by CARLOS PEREZ

© 2019 CARLOS PEREZ

Tutti i diritti riservati. Nessuna parte di questo libro può essere riprodotta in qualsiasi forma senza il permesso dell'autore, eccetto quanto permesso dalla legge sul Copyright americana. Per ricevere il permesso si prega di contattare:

info@yourownsolution.com

DISCLAIMER

Questo libro è stato scritto solo per dare informazioni di base. Ogni possibile sforzo è stato fatto per rendere l'libro il più completo ed accurato possibile.

Tuttavia, ci possono essere errori sia nella tipografia sia nel contenuto. In più, le informazioni contenute in questo libro sono aggiornate alla data di pubblicazione. Quindi va usato come una guida, e non come l'unica sorgente di informazioni.

Lo scopo di questo libro è di educare. L'autore ed editore non garantisce che le informazioni contenute in questo libro siano complete, e non è ritenuto responsabile per errori ed omissioni.

L'autore e l'editore non avranno alcuna responsabilità nei confronti di qualsiasi persona o entità in relazione a qualsiasi perdita o danno causato direttamente o indirettamente da questo libro.

INDICE

Introduzione 6
Capitolo 1. Cos'è la rendita passiva?................ 7
    Le basi 10
Capitolo 2: Se il budget è limitato?................ 15
Capitolo 3: Come creare una rendita passiva..... 21
    Azioni 23
    Trading Forex 28
Capitolo 4: Come iniziare 31
    Pubblicità online 31
    Marketing di affiliazione 34
    Freelance 39
    Vendere libri/eBook 43
Capitolo 5: Vendita di prodotti fisici online 46
    Vendita di altri prodotti digitali 52
Capitolo 6: Membership 55
    Vendita di software 57
Capitolo 7: Vendita di prodotti didattici 59
Conclusione 63

Introduzione

A chi non piacerebbe poter "guadagnare soldi senza lavorare, anche mentre dorme"?

Tante persone sono state attirate nella trappola della rendita passiva, e ancora oggi credono che sia possibile raggiungerla.

Purtroppo però, la rendita passiva...non esiste!

O meglio, non esiste il tipo di rendita passiva che viene venduto ai corsi di formazione-motivazione. Infatti, ti accorgerai presto che avere un'impresa online ha i suoi vantaggi, certo, ma anche i suoi svantaggi.

Per dirla ancora meglio, non esiste il tipo di rendita passiva tanto pubblicizzato da certi libri, blog e corsi online. Ossia il concetto di guadagnare senza **mai** lavorare.

Capitolo 1. Cos'è la rendita passiva?

"Una rendita passiva è un flusso di cassa (cashflow) positivo in entrata che non richiede un lavoro costante da parte nostra".

In altre parole, guadagnare soldi senza lavorare.

In un lavoro normale, vengo pagato in base alle mie ore di lavoro. Ho uno stipendio orario, e in base alle ore che faccio, ricevo un assegno a fine mese. Se lavoro il doppio delle ore, guadagno il doppio.

Questo vale per i dipendenti, ma anche per i professionisti. Un avvocato guadagna di più tanti più clienti prende, e visto che i clienti li gestisce lui, deve lavorare di più.

Secondo la definizione di rendita passiva, invece, lo stipendio è scollegato dalle ore effettivamente lavorate. Posso lavorare 200 ore al mese o 10 ore al mese, ma il mio assegno non cambia.

Ma ecco già che spunta un piccolo dettaglio spesso ignorato quando si parla di rendita passiva: se il mio guadagno è scollegato dalle ore di lavoro, significa che posso anche lavorare come un matto e non vedere un euro, cose che succedono.

L'idea principale della rendita passiva è che posso lavorare una volta e guadagnare per sempre sul lavoro svolto.

Prendiamo ad esempio un professionista qualsiasi, dall'avvocato, all'idraulico, all'estetista...più clienti prendo più lavoro, ma più guadagno. Se mi ammalo però, smetto di lavorare e quindi di guadagnare.

Se invece scrivo un libro o una canzone, continuo ad incassare i **diritti d'autore** a prescindere dal mio lavoro. Ho lavorato una volta sola, ma continuo ad incassare per sempre su quel lavoro.

Quindi, **la rendita passiva implica necessariamente un lavoro iniziale**, più alcune attività accessorie da svolgere nel tempo (come pubblicità, adattamenti, nuove edizioni, ecc.), **che porta al guadagno di royalties a lungo termine.**

Perciò, bisogna diffidare da chiunque prometta guadagni facili e senza impegno, perché qualsiasi imprenditore, soprattutto quelli di successo, potrà confermare che per guadagnare anche mentre si è in vacanza bisogna aver svolto un grande lavoro in precedenza.

Il più delle volte, per raggiungere la tanto desiderata **libertà finanziaria**, sarà necessario lavorare ininterrottamente per periodi lunghi, fare investimenti non solo di denaro, ma anche di tempo, sbagliare e ricominciare, perseverare...un impegno di energie mentali importante che, però, vale la pena fare per riuscire poi a guadagnare anche in vacanza.

Concludendo, quindi voglio precisare che questo libro non promette guadagni facili, ma offre spunti per trovare nuove tipologie di lavoro imprenditoriale che possono creare **rendite passive importanti e portare alla libertà finanziaria**. Ma, come in ogni ambito della vita, tutto dipende da ognuno di noi.

LE BASI

Avviare un'attività online e diventare finanziariamente indipendente è una proposta realistica per chiunque abbia un computer e un accesso a Internet. Dei molti modi diversi per farlo, alcuni forniranno un buon ritorno per i tuoi sforzi, ma sfortunatamente, molte aziende online non hanno successo e le persone che le gestiscono non riescono a guadagnare abbastanza per avere utili. Ci sono molti casi in cui qualcuno ha scritto un libro e lo ha pubblicato, o ha aperto un negozio al dettaglio online, solo per scoprire che non ci sono acquirenti. L'unico modo per fare soldi è avere clienti paganti; il trucco è come ottenerli. Ci sono buoni modi per attirare clienti o traffico verso il tuo sito Web e questo libro descrive strategie comprovate di successo che è possibile utilizzare per costruire un reddito passivo a lungo termine attraverso Internet. Alcune delle cose che hanno funzionato qualche anno fa non sono più praticabili perché Internet è sempre in evoluzione. Con 3,5 miliardi di clienti esistenti che utilizzano la rete giornalmente e altri 3 miliardi di potenziali clienti in Africa, India, Cina e nel resto dell'Asia, il cielo è il limite per le nuove attività e rappresenta una fonte di reddito illimitata. Ora è il momento perfetto per prendere il cosiddetto "treno delle occasioni", ma sono necessari traffico, contenuti di qualità e preparazione per svolgere il lavoro (spesso parecchio lavoro). Non solo: devi lavorare nelle aree giuste e fare le cose giuste.

Vivere di un "reddito passivo" come viene chiamato, significa vivere del reddito che le persone ricevono da Internet. Si chiama reddito passivo perché in teoria la maggior parte del lavoro è pre-fatto e poi ti siedi e raccogli i benefici della tua fatica precedente. In realtà, qualsiasi attività online richiederà una manutenzione continua; la quantità necessaria dipende dal sito, dalla sua applicazione e dal prodotto che stai fornendo. Esistono molti stili diversi di attività Internet che vanno da quelli che richiedono un input quotidiano ad alcuni totalmente automatizzati.

Alcune aziende di Internet sono modi realistici e pratici per guadagnare denaro in rete. Molte persone hanno scritto una sorta di proprietà intellettuale originale, come ad esempio un libro, un corso online, post di blog o simili, per poi creare un negozio online per promuovere il loro prodotto. Che siano realizzati o creati dall'operatore o acquisiti da altre fonti, è necessario un notevole dispendio di tempo ed energia per configurare e personalizzare il sito. Una volta fatto tutto questo, quando il tuo sito sarà diventato "live", dovrai quindi eseguire varie attività di marketing come la promozione e l'interazione con le persone sui social media. Trovare siti o blog simili e fornire feedback e commenti di qualità è un fantastico modo di promuovere il tuo sito purché sia fatto in modo positivo. Un buon blog o sito Web ha nuovi contenuti di qualità aggiunti regolarmente per incoraggiare le persone a continuare a tornare. Gran parte del materiale di un blog o di un sito Web può provenire da qualcun altro che assumi per scrivere il post per te, ma sei tu quello che deve modificarli, programmarli e supervisionare l'intera operazione.

Ci sono centinaia di storie che si leggono continuamente. Di solito seguono lo stesso modello o un canovaccio simile alla storia di "Cenerentola ", dove una persona era sull'orlo del fallimento o si stava per suicidare perché era disperato. Quindi, grazie all'amore della famiglia o del cane, ha deciso di provare con internet o, in alternativa, si è imbattuto in una persona che, per qualsiasi motivo, gli ha dato una formula istantanea per fare fantastiche somme di denaro. Ora fa un reddito a 6 cifre lavorando meno di 1 ora al giorno, mentre sta seduto sulla sua spiaggia privata nel mezzo di un paradiso che ha pagato in contanti dopo solo 1 anno di utilizzo di questa formula. Questo tizio ora vuole offrirti queste informazioni quasi gratuitamente: non a 1000 euro, non a 600. Ma a soli 9,99 euro! ma affrettati: questa offerta è limitata.

Ovviamente sono truffe!

Non c'è dubbio che alcune persone realmente guadagneranno soldi facilmente su Internet, ma la maggior parte delle persone farà fatica almeno all'inizio, come farebbe se avesse un lavoro normale. Ma se sei pronto a mettere il tempo e l'energia necessari, è un modo molto valido per ricavare un reddito a lungo termine.

Costruire un solido reddito passivo a lungo termine su Internet richiede diverse cose; il più importante è avere traffico. "Traffic" è il termine usato per descrivere le persone che vengono a visitare il tuo sito web. Si tratta di una formula semplice: più persone visitano il tuo sito, più soldi si possono fare; niente traffico, niente soldi, punto. Non importa quanto sia buono o quanto sia economico il tuo prodotto o servizio, se non c'è nessuno che lo veda, nessuno lo acquisterà. La seconda cosa molto importante è avere qualcosa che gli altri vogliono e sono disposti a pagare per ottenerlo. La prossima cosa importante è la tua credibilità in rete. Questa, come il traffico, può richiedere del tempo per svilupparsi, ma ci sono diversi modi per accelerarla.

È possibile acquistare una mailing list da Internet con centinaia e talvolta migliaia di indirizzi e-mail, ma questi di solito hanno poco valore per diversi motivi. Questi elenchi sono vecchi e sono stati usati da molte persone per cercare di vendere i loro prodotti, quindi il livello di risposta è molto basso. L'altro motivo per cui questi elenchi hanno un valore dubbio è perché è meglio cercare di ottenere contatti di qualità di persone che hanno espresso già interesse per qualsiasi cosa tu offra piuttosto che semplicemente sparare e-mail che finiranno nello spam o nella posta indesiderata della maggior parte delle persone. Questo libro esplorerà 30 metodi diversi per realizzare un reddito passivo a lungo termine. Ti descriverà alcuni dei loro punti positivi e negativi, vantaggi e svantaggi, in modo da poter prendere una decisione informata sul modo migliore per procedere.

Capitolo 2: Se il budget è limitato?

Creare un reddito passivo su Internet è un sogno per la maggior parte delle persone, ma può diventare una realtà per chiunque abbia un computer e una connessione Internet. Che tu stia iniziando a interessarti a lavorare su Internet e desideri trovare un modo per avere un reddito passivo, o che, avendo già provato, tu abbia avuto difficoltà a ottenere un reddito dalla rete, ci sono alcune cose che dovresti considerare prima di tuffarti nella profonda piscina di internet.

Alcune domande importanti che dovresti considerare per aiutarti a decidere il tuo miglior approccio sono:

- Hai un prodotto o un servizio che desideri vendere? Questo può essere un prodotto sia fisico che intellettuale.

- Hai già una sorta di presenza su Internet, un sito Web, blog o account social media? Hai un budget?

- Qual è la tua esperienza su Internet? Cosa dovrai imparare per avere successo?

Ci sono alcuni modi eccellenti per iniziare a generare un reddito passivo senza spendere un sacco di soldi, ma sebbene sia possibile gestire un'impresa senza spendere nulla, questo approccio di solito è un processo molto lungo e richiede una grande quantità di lavoro. La migliore strategia è stabilire un budget che puoi permetterti e lavorare all'interno di quello. Maggiore è il tuo budget, entro limiti ragionevoli, più veloce e facile sarà raggiungere un livello di reddito che sosterrà il tuo stile di vita. Ma attenzione: la truffa è sempre dietro l'angolo in rete!

Puoi ottenere la tua presenza su Internet avviando profili su siti di social media come FaceBook, Google Plus, Twitter, LinkedIn, YouTube, Pinterest e Instagram, nonché utilizzando alcuni siti di social media locali meno conosciuti. Il problema con questi siti è che stanno diventando così affollati che la concorrenza è difficile da affrontare ed è facile che i tuoi sforzi si perdano nella marea delle informazioni presentate.

Fino ad alcuni anni fa questi siti hanno funzionato bene. Ora, con oltre 3,5 miliardi di persone che usano Internet regolarmente, ci vuole un po' di conoscenza per usarle in modo efficace.

Essere molto selettivi e attenti al posto in cui si posizionano i propri investimenti è la chiave del successo. Per iniziare, è necessario un sito Web, che potrebbe essere creato sotto forma di una pagina Web standard o eventualmente di un blog. Ci sono molte aziende che forniscono piattaforme per lanciare e gestire il tuo sito Web e ciò che scegli dipende da ciò che vendi, dal servizio che stai promuovendo e dal tuo budget.

I siti di hosting Web, come Google My Sites, sono una buona opzione in quanto hanno il grande vantaggio di essere gratuiti e possono essere facilmente rilevati dai motori di ricerca di Google. Ma questo servizio viene fornito con limitazioni nella versione FREE.

Altri siti come Bluehost e Wordpress sono le mie opzioni preferite. Mi piacciono questi siti perché sono molto facili da usare e hanno un buon servizio di assistenza, inclusa una chat in cui puoi parlare con un tecnico aziendale che può aiutarti con qualsiasi problema potresti incontrare. Il pacchetto Bluehost, per pochi soldi al mese, ti consente di avere un nome dominio gratuito come (userò il mio nome a titolo d'esempio) www.CarlosPerez.com, in modo da poter avere il tuo sito web. Puoi creare fino a 10 sottodomini o pagine Web, su cui puoi promuovere i tuoi prodotti o servizi.

Ad esempio, se stai promuovendo un libro di cucina (che tu sia l'autore o stia semplicemente promuovendo il lavoro di un altro autore) il tuo sottodominio potrebbe essere OrganicCookingwithCarlosPerez.com Il dominio include anche diversi account di posta elettronica. Questi sono molto utili e possono essere personalizzati per adattarsi a qualsiasi applicazione come Carlos@CarlosPerez.com o CarlossCookbook@CarlosPerez.co È sempre una buona idea usare il tuo nome nel tuo sito web. Questo perché non vi è alcun dubbio su a chi appartiene il sito e le persone assoceranno rapidamente il tuo nome a un prodotto di qualità. Questo presuppone che tu abbia solo prodotti di qualità. Se usi prodotti di qualità scadente e non dai valore al tempo e ai soldi spesi, avrai un futuro molto breve su Internet.

Se hai un prodotto che vuoi provare, ma senza che sia associato al tuo nome, puoi comunque utilizzare uno dei tuoi sottodomini o crearne uno nuovo semplicemente non includendo il tuo nome nell'indirizzo Internet per quella pagina. Ad esempio, potresti trovare un'ottima selezione di coltelli da cuoco e prendere accordi con il produttore o il fornitore per venderli, in modo da poter utilizzare uno dei tuoi sottodomini gratuiti per farlo. Un'altra opzione è che potresti voler creare un altro libro come un ricettario per dessert, che potrebbe trovarsi su una pagina del sottodominio del tuo sito principale, ma con la sua presenza web autonoma, collegata o non collegata allo stesso tempo al tuo sito principale.

Quando avvii o ti iscrivi a Bluehost e Wordpress o a una qualsiasi delle altre società di web hosting, queste forniscono indicazioni complete su come impostare il tuo sito Web e le tue attività commerciali, insieme a un sacco di consigli utili, per questo non entreremo in ulteriori dettagli.

Un reddito Internet quasi totalmente passivo potrebbe essere ottenuto esternalizzando tutto il lavoro necessario e supervisionando solo l'operazione, ma ciò richiede comunque qualche input, quindi non esiste un sito di reddito totalmente passivo. Detto questo, è possibile avere un sito di entrate con la manutenzione estremamente basso, specialmente se si utilizzano e apprendono alcuni dei metodi disponibili dal proprio sito WordPress dove è possibile costruire monetizzazione e aumentare il potenziale di guadagno con il minimo sforzo. Per sfruttare al meglio questi siti, dovrai comunque eseguire tutte le attività generali di manutenzione del sito come la scrittura di nuovi post, il marketing e la manutenzione del sito, ma l'approccio di guadagno adottato può essere abbastanza semplice e richiede poco lavoro da parte tua una volta impostato.

Capitolo 3: Come creare una rendita passiva

Quando investi in qualsiasi impresa per fare soldi, ricorda sempre che tutto è relativo; l'importo che puoi aspettarti di guadagnare è relativo al rischio in questione. Un rischio basso di solito significa che c'è un tasso di interesse basso e un tasso di interesse elevato spesso comporta un rischio notevolmente maggiore non solo di guadagnare, ma anche di perdere il proprio investimento. Il modo migliore per determinare se qualcosa può essere un flusso di reddito passivo utile è confrontare il probabile rendimento con l'attuale tasso di rendimento privo di rischio sui titoli di Stato, per esempio. Il rendimento dei titoli bancari a 10 anni negli Stati Uniti è di circa il 3%, quindi ogni impresa che deciderai di provare (se il tuo commercio ha sede lì) dovrebbe avere un rendimento sostanzialmente migliore di così, altrimenti starai sprecando i tuoi sforzi poiché non puoi guadagnare il 3%.

Va notato che i governi di diversi paesi stabiliscono tassi diversi, quindi devi informarti sui tassi della tua nazione. Ad esempio, nelle Filippine è possibile ottenere una dichiarazione al netto delle imposte (il governo trattiene l'imposta) di almeno il 7% sui titoli di Stato e tali tassi sono garantiti dal governo filippino. Quindi suggerirei che se non effettuerai un rendimento sostanzialmente superiore al 7% non ne vale la pena, a meno che tu non lo stia facendo per hobby.

Azioni

La maggior parte di noi ha sentito come alcune persone fanno una grande fortuna investendo sul mercato azionario e, in effetti, è possibile ottenere notevoli guadagni finanziari investendo in azioni. Ci sono alcuni errori molto comuni di cui gli investitori la prima volta devono essere consapevoli prima di provare a investire in azioni. Se hai qualche centinaio di euro da investire e vuoi solo vedere cosa succede, va bene, ma se sei seriamente intenzionato a creare un buon reddito passivo, è necessaria una vera curva di apprendimento come per qualsiasi altra cosa.

Non limitarti nella conoscenza di questi meccanismi, anche se le basi dell'investimento sono abbastanza semplici in teoria, cioè comprare basso e vendere alto. La maggior parte delle persone, in pratica, non sa cosa significano veramente basso e alto. Ciò che è alto per qualcuno che vende è di solito considerato basso (o abbastanza basso) per l'acquirente in qualsiasi transazione: si possono trarre conclusioni diverse dalle stesse informazioni. A causa della natura relativa del mercato, è importante dedicare del tempo a studiare prima di lanciarsi.

Prima di iniziare, dovresti conoscere almeno le metriche di base come valore contabile, rendimento diviso, rapporti di guadagno dei prezzi e così via. Comprendi come vengono calcolati, dove si trovano i loro principali punti deboli e come si sono evolute nel tempo in quel settore.

Quando inizi, è molto utile usare denaro virtuale in un simulatore azionario o con un conto demo in quanto ciò può aiutarti a capire come funzionano le cose e risparmiare una notevole somma di denaro per cominciare.

Non essere tentato di investire tutto in un investimento specifico; di solito non è una buona mossa. Qualsiasi azienda, anche la migliore, può avere problemi e vedere il suo declino drammatico. Proprio questo è successo nell'ultima crisi finanziaria. Soprattutto all'inizio, è una buona idea acquistare solo una manciata di titoli, così è meno probabile che si verifichi una perdita enorme in caso di problemi e gli alti e bassi generali dovrebbero addirittura rivelarsi un utile ragionevole.

Fai molta attenzione ai prestiti per investire poiché nulla è mai una scommessa sicura. Se prendi in prestito titoli, stai sfruttando i tuoi soldi.

Ciò ingrandisce sia i guadagni che le perdite su un dato investimento. Se hai 100 euro da investire e decidi di prendere in prestito 50 euro per acquistare 150 euro di un determinato titolo e il titolo aumenta del 10%, guadagni 15 euro, ossia avrai un rendimento del 15% sul tuo capitale. D'altra parte, se lo stock diminuisce del 10%, perderesti 15 euro, ossia avrai una perdita del 15%. Ciò che è importante capire, però, è che se lo stock aumenta del 50%, otterrai un rendimento del 75% che è fantastico, ma se lo stock diminuisce del 50%, perdi tutto il denaro preso in prestito e altro ancora. Quindi fino a quando non si ha esperienza è saggio non prendere in prestito per investire.

È importante essere consapevoli del fatto che potresti potenzialmente perdere tutti i tuoi investimenti durante la notte, quindi è fondamentale utilizzare solo i soldi che puoi permetterti di perdere. Se inizi con un investimento iniziale e realizzi alcuni guadagni, prendi una percentuale dagli utili e reinvesti. Quindi, costruendo lentamente, il tuo investimento totale sarà in una posizione più forte senza rischiare troppo. Gli investimenti dovrebbero essere visti come un'attività a lungo termine. Per rimanere in affari, è necessario disporre di alcune riserve in contanti per emergenze e opportunità. Questa liquidità non guadagnerà alcun rendimento, ma avere tutta la tua liquidità sul mercato è un rischio che anche gli investitori professionisti non correranno. Se non disponi di liquidità sufficiente per investire e mantenerne alcuni per una riserva di emergenza in contanti, non sei in una posizione finanziaria in cui gli investimenti abbiano senso.

È difficile trovare un buon consiglio e cercare di indovinare la prossima grande novità o il prezzo delle azioni in più rapida crescita. Ricorda, stai competendo con studi professionali che non solo ottengono informazioni nel momento in cui diventano disponibili, ma hanno avuto anni di esperienza e sanno come analizzarle correttamente e rapidamente. Se sei fortunato, ne vincerai alcuni, ma se la tua fortuna si esaurisce potresti perdere tutto. Non dovresti trattare gli investimenti come se giocassi al lotto. Quando acquisti personalmente titoli sul mercato, stai competendo con grandi fondi comuni di investimento e investitori professionali che lo fanno a tempo pieno e con molte più risorse e informazioni approfondite di quanto la persona media possa ottenere. Quando inizi a investire, è meglio iniziare in piccolo e correre i rischi con i soldi che sei disposto a perdere, poiché il mercato può non perdonare gli errori. Man mano che diventi più esperto nella valutazione delle scorte, potrai iniziare a fare investimenti maggiori.

TRADING FOREX

Il trading Forex è tutto basato sulla speculazione riguardo il prezzo della valuta di un paese rispetto a un altro. Essere un trader Forex offre uno degli stili di vita più sorprendenti di qualsiasi professione al mondo, ma è anche uno dei più rischiosi. Ma se sei determinato e disciplinato, puoi farlo.

Il meccanismo con cui funziona è presto detto: se pensi che l'euro aumenterà rispetto al dollaro USA, puoi acquistare la coppia di valute EUR-USD bassa e poi (si spera) venderla a un prezzo più alto per realizzare un profitto. Se acquisti l'euro rispetto al dollaro (EUR-USD) e il dollaro USA si rafforza, ti troverai in una posizione perdente. Quindi è importante essere consapevoli del rischio connesso al trading Forex e non solo della ricompensa. Puoi guadagnare molti soldi velocemente o perdere molti soldi velocemente. La cosa importante quando si fa trading nel mercato monetario è sapere esattamente cosa stai facendo e sapere sempre l'importo esatto che hai messo a rischio prima di entrare in uno scambio. Inoltre devi essere TOTALMENTE a posto con la perdita di tale importo, perché qualsiasi operazione potrebbe essere perdente.

Il Forex è il più grande mercato al mondo, con volumi giornalieri superiori a 3 trilioni di dollari al giorno. Chiunque può aprire un conto di trading con un minimo di 250 dollari presso molti broker al dettaglio e iniziare a fare trading lo stesso giorno nella maggior parte dei casi. L'esecuzione diretta dell'ordine ti consente di negoziare con un clic del mouse. Ha un vantaggio rispetto al trading di azioni in quanto ci sono meno coppie di valute su cui concentrarsi e puoi fare trading in qualsiasi parte del mondo con i soli requisiti di essere un laptop e una connessione Internet. Esiste un trading senza commissioni con molti market maker al dettaglio e costi di transazione complessivamente inferiori rispetto a azioni e materie prime. Inoltre, i trader hanno pari opportunità di profitto nei mercati in rialzo o in calo.

Tutti i principianti devono essere consapevoli che il trading comporta sia il potenziale per la ricompensa che il rischio. Molte persone entrano nei mercati pensando solo alla ricompensa e ignorando i rischi connessi e questo è il modo più veloce per perdere tutto il denaro del tuo conto di trading. Se vuoi iniziare a fare trading nel mercato Forex, prendi la strada giusta e studia prima. Ci sono alcuni buoni siti in rete che offrono corsi gratuiti ed è fondamentale che tu sia a conoscenza e accetti il fatto che potresti perdere su qualsiasi dato trade.

Capitolo 4: Come iniziare

Pubblicità online

La pubblicità online è uno dei modi più semplici per guadagnare denaro su Internet. Ciò è particolarmente vero se devi ancora guadagnare il tuo primo reddito online passivo. Ma sebbene sia un concetto semplice, in pratica non è necessariamente facile senza che tu faccia una ricerca adeguata e apprenda i metodi migliori e più adatti a te. Per fare un buon reddito con questo tipo di pubblicità, serve molto traffico sul sito a causa della piccola quantità guadagnata da ogni clic o visitatore.

Alcuni dei modi migliori per avere pubblicità online sul tuo sito o blog sono i seguenti:

- <u>AdSense</u>

Con Google AdSense puoi guadagnare entrate online passive dal tuo sito Web mostrando annunci pertinenti al tuo sito e ai suoi visitatori. Una delle grandi cose di AdSense è che Google fa la maggior parte del duro lavoro per te; trova gli inserzionisti, sceglie gli annunci, tiene traccia dei clic e persino deposita le entrate direttamente sul tuo conto bancario ogni mese. Non c'è da stupirsi che il 65% dei primi 200 siti Web che mostrano annunci utilizzi AdSense.

- Media.Net

Media.net è molto simile ad AdSense. È Yahoo! La risposta di Bing Network agli annunci AdSense ed è probabilmente la seconda più grande azienda di pubblicità contestuale al mondo. Hanno un processo di approvazione un po 'più ampio di Google AdSense e richiedono un certo numero di visualizzazioni di pagina mensilmente per ottenere un account con loro, ma una volta stabilito possono fornire un flusso di entrate molto simile a AdSense.

- Chitika

Chitika è simile ad AdSense e Media.net; è una delle reti pubblicitarie alternative popolari ad AdSense e ha una soglia di pagamento minima bassa. Soprattutto se hai un blog con meno traffico, Chitika è una rete di annunci premium che mostrerà annunci pubblicitari di qualità. Se hai un blog di alta qualità, puoi aspettarti un ottimo reddito da Chitika.

MARKETING DI AFFILIAZIONE

Il marketing di affiliazione esiste da molto tempo e questo è uno dei modi migliori e più semplici per guadagnare entrate totalmente passive. Il marketing di affiliazione è abbastanza semplice. Guadagni soldi online promuovendo i prodotti o i servizi di un'altra società per una commissione che viene pagata su ogni vendita che fai.

L'approccio normale è di collaborare con i programmi di affiliazione di quasi tutte le principali attività svolte su Internet. Una volta che ti unisci e ottieni i loro link di affiliazione, puoi iniziare a promuoverli ovunque, su tutte le tue attività web. Al fine di creare un flusso di reddito costante e crescente a lungo termine dal marketing di affiliazione, devi avere traffico e promuovere prodotti che diano alle persone un buon valore. Per invogliare la gente a comprare questi prodotti, è necessario disporre di una pagina web che attira un gran numero di persone costruendo una fiducia con il pubblico.

Crea il tuo elenco di abbonati e-mail da persone che visitano il tuo sito Web utilizzando un servizio come AWeber per acquisire e-mail e rispondere alle domande. Sarai quindi in grado di creare un elenco di persone che si fidano di te e vogliono sapere cosa hai da dire e saranno quindi più inclini ad accettare dei consigli sui prodotti affiliati.

Di solito è meglio limitare i tipi di prodotti a quelli che sono strettamente associati al tema o all'argomento del tuo sito Web o blog, perché se hai troppe pubblicità le persone diventeranno presto infastidite o distratte e passeranno altrove, così come facciamo quando le pubblicità passano in TV. Alcuni dei migliori servizi di affiliazione sono Google Adsense , Amazon Associates , ClickBank , Commission Junction, offerte Flex, ecc. Tutti hanno migliaia di prodotti diversi in tutti i tipi di idee e nicchie, quindi sarai sicuro di trovare alcuni prodotti di qualità tra cui scegliere.

- Email Marketing

Per avere successo con l'email marketing è necessario non essere visto come un truffatore o inondare le persone con posta indesiderata irrilevante. Se lo fai, sarai sicuro di perdere rapidamente persone dalla tua mailing list. Se fatto correttamente e con gusto, questo può essere un metodo di marketing di grande successo perché stai inviando a persone che ti conoscono e sono ricettivi rispetto a te e alla tua nicchia, aumentando così le possibilità di ulteriori acquisti.

- <u>Siti Web di nicchia</u>

I siti Web di nicchia sono un modo valido e di successo per ottenere un buon reddito se si dispone di un prodotto o servizio speciale. Possono essere dedicati a un argomento o a una parte di un argomento e diventano quindi interessanti per un numero selezionato di persone, ma tutte persone che hanno maggiori probabilità di acquistare perché sono interessate all'argomento del tuo sito Web. Questi tipi di siti Web o siti Web di nicchia sono molto più facili da pubblicizzare e sono migliori perché adatti ad essere raccolti dai motori di ricerca, offrendoti direttamente ai clienti giusti.

Un altro modo per guadagnare da siti di nicchia è venderli all'asta su siti Web come Flippa. Non c'è motivo per non avere un intero portafoglio di siti di nicchia; potrebbero trattarsi di argomenti correlati o di soggetti indipendenti totalmente diversi, tutti che contribuiscono al tuo reddito passivo. Quando guardi gli imprenditori di Internet di maggior successo, possiedono o sviluppano più siti Web perché con ogni sito aumenta il potenziale che hai per fare sempre più guadagni.

- Clickbank

Clickbank è probabilmente il più grande mercato di prodotti digitali online. Uno dei misuratori che utilizza è chiamato "gravità" per rappresentare la qualità di vendita di un prodotto, in base a quante vendite sono state effettuate e alla loro recente produzione. Clickbank ha un programma di affiliazione in cui puoi trovare una vasta gamma di prodotti. Una volta che ti unisci, puoi promuovere i tuoi prodotti o quelli di altre persone, così come trovare persone che promuoveranno i tuoi prodotti, in modo da poter potenzialmente ottenere un seguito enorme per il tuo sito.

- Amazon

Il programma di affiliazione di Amazon è un ottimo modo per promuovere prodotti fisici, sia tuoi che di altre persone, attraverso un negozio online affidabile e noto. Le loro commissioni sono piuttosto piccole, ma poiché tutti conoscono Amazon hanno un enorme traffico. Puoi guadagnare una commissione extra quando invii qualcuno su Amazon se acquistano qualcos'altro sulla piattaforma entro 24 ore, indipendentemente dal fatto che finiscano per acquistare il prodotto che hai promosso o meno. Quindi, ad esempio, se hai promosso un libro e la persona che hai inviato ad Amazon ha finito per acquistare qualcos'altro, otterrai la commissione per entrambi. Questo può aggiungere un bel bonus extra.

- <u>DigiResults</u>

I prodotti di business online e di marketing su Internet sono gli aspetti principali su cui si concentra DigiResults, ma hanno anche altri prodotti che vanno dalla salute e fitness ai viaggi. I venditori e gli affiliati vengono pagati al momento della vendita e non dopo un mese o due come la maggior parte dei mercati di affiliazione, il che li rende più interessanti.

Freelance

Le persone che sono brave a scrivere o che amano scrivere articoli, blog e racconti di fantasia o semplicemente scrivere in generale su quasi ogni argomento possono spesso trovare un mercato per contenuti pronti e di buona qualità che potrebbero essere in grado di vendere sui siti come Upwork, eLance o Freelancer. Alcuni siti popolari come eHow, About.com e Yahoo sono alla ricerca di scrittori e vendendo o anche semplicemente contribuendo regolarmente a questi siti puoi aiutare a costruire la tua reputazione.

Questo, a sua volta, ti aiuterà a negoziare tariffe sempre migliori, oltre a poter competere per dei lavori freelance più remunerativi. Molti di questi pagheranno 50 euro all'ora o più. Ma se si esegue questo tipo di lavoro, è fondamentale rimanere in contatto con le persone per le quali si lavora poiché a loro piace sapere cosa sta succedendo e non essere tenuti all'oscuro perché spesso hanno delle scadenze da rispettare. Ciò è particolarmente importante se si dispone di un contratto a lungo termine o di un progetto a più lungo termine. Inviando loro aggiornamenti regolari costruirai la fiducia delle persone nelle tue capacità e ponendo domande ti assicurerai di avere una buona comprensione del lavoro richiesto.

Se hai una consegna e hai difficoltà a consegnare il lavoro promesso o a concludere il tuo contratto, contatta le persone con cui lavori il prima possibile e faglielo sapere. Gli affari sono affari e la cortesia comune fa molta strada. Le persone devono essere sicure che si possa fare affidamento su di te altrimenti o non ti impiegheranno di nuovo e potranno facilmente distruggere la tua reputazione. Non fare mai nulla che possa danneggiare la tua reputazione.

- <u>SEO</u>

Quelle persone che ne hanno una conoscenza lavorativa o chiunque si prenda il tempo per conoscere la SEO, il modo in cui funzionano i motori di ricerca o i siti Web, avranno una grande richiesta di diversi tipi di articoli scritti in uno stile ottimizzato per il motore di ricerca con parole chiave, sinonimi di parole chiave, tag del titolo, intestazioni, punti elenco, ecc.

- <u>Assistente Virtuale</u>

Anche se questo non è un reddito strettamente passivo in quanto devi fare un piccolo sforzo, è buono perché vieni pagato per svolgere semplici compiti online.

- <u>Cashbacks</u>

Questo è un ottimo modo per essere ricompensato per l'acquisto o l'utilizzo di prodotti che prevedi di acquistare. I siti di cashback ti pagano quando fai clic su di essi, vai dai rivenditori e spendi. Ci sono oltre 2.000 negozi che offrono cashback tra cui Walmart, Target, Sears, Calvin Klein e altri. Puoi anche ottenere una carta regalo da 10 dollari dopo i tuoi primi acquisti da 25 dollari. La registrazione è gratuita.

- <u>Sondaggi</u>

Esistono molti siti Web di sondaggi gratuiti che offrono agli utenti la possibilità di essere pagati per partecipare a sondaggi online. Questi siti dovrebbero essere tutti gratuiti e se incontri un sito di sondaggi in cui la registrazione non è gratuita, evita semplicemente.

Dai un'occhiata a Global TestMarket, Mobrog o Toluna Survey Center. Non diventerai mai ricco partecipando a sondaggi, ma è un modo interessante di passare qualche minuto libero.

- <u>Rispondere</u>

Ci sono così tante persone che fanno domande online e se sei un esperto nel tuo campo, puoi generare entrate rispondendo a queste domande. JustAnswer.com è una società che ti consente di unirti al loro team di esperti e di offrirti a una base di clienti di oltre 20 milioni di persone. Fightfox.com è un sito per esperti di viaggio, quindi dai un'occhiata. Hanno ottime recensioni e commenti positivi praticamente ovunque.

- <u>Scrivere recensioni</u>

Ci sono molte aziende che ti pagheranno per scrivere recensioni dei loro prodotti e servizi, specialmente se hai un blog consolidato o altra presenza online che si trova nello stesso campo o in un campo simile.

- <u>Inserzionisti</u>

Non vi è alcun motivo per cui non sia possibile indirizzare direttamente gli inserzionisti che hanno o pubblicizzano prodotti pertinenti con i tuoi contenuti e proporre loro offerte o accordi per vendere i tuoi prodotti.

VENDERE LIBRI/EBOOK

Se fatto nel modo giusto, vendere libro può essere un buon flusso di reddito passivo. Dopo averlo pubblicato, il tuo libro rimanendo permanentemente disponibile, continuerà a vendere poche copie (o, se sei fortunato, molte copie) per gli anni a venire. Poiché ci sono milioni di libri, è spesso difficile entrare in questo mercato e ci vuole tempo per scrivere un buon libro - e di solito ci vorrà un po 'prima che inizi a vendere e a fornirti un reddito. Ma se tu hai molta conoscenza di un argomento particolare e ami scrivere, la nuova tecnologia rende davvero facile per chiunque scrivere, modificare e pubblicare automaticamente il tuo libro gratuitamente. Con pochi problemi puoi guadagnare molto bene con gli libro. Questi possono vendere da $ 0,99 fino a + $ 100, a seconda del contenuto e della domanda di libri sull'argomento scelto.

Una delle cose veramente grandi della scrittura e dell'auto-pubblicazione di libro è che la maggior parte dei negozi di libri online come Amazon, (che sono di gran lunga i più grandi) così come quasi tutti gli altri, elencheranno e venderanno per te senza commissioni anticipate. Paghi una commissione sulle vendite e gestiscono tutto, compreso il marketing e la distribuzione di libri, quindi depositano i soldi sul tuo conto o ti inviano un assegno. Sei anche libero di venderlo e commercializzarlo in qualsiasi altro mercato come eBay, ClickBank o attraverso le tue pagine web o blog di amici o colleghi.

- <u>Vendere libri su Amazon</u>

Se hai intenzione di vendere libro, Amazon è la scelta migliore perché sono il più grande rivenditore di libro online e generano circa i tre quarti di tutte le vendite di libro tramite il loro sito Web. Ti daranno un ritorno del 70% di royalty su ogni libro venduto. L'unico problema è che non divulgano l'indirizzo e-mail dell'acquirente, quindi non è possibile aggiungerli alla tua mailing list per aggiornamenti e vendite future.

- <u>Corsi online</u>

Se riesci a scrivere un libro non c'è motivo per cui non puoi scrivere o creare un corso online. Questo è un altro ottimo modo per sfruttare il tuo tempo e il tuo impegno insegnando qualcosa una volta e venendo pagato continuamente. Molte persone ritengono che un corso o delle lezioni online siano più preziosi degli libro, principalmente perché possono offrire contenuti multimediali come video e audio e non solo testo. Di solito offrono anche supporto, orientamento o coaching come parte del tuo corso, il che aggiunge ancora più valore.

Capitolo 5: Vendita di prodotti fisici online

Non c'è motivo per cui qualcuno debba limitarsi alla vendita di prodotti digitali.

La vendita o la rivendita di prodotti fisici può essere molto redditizia. Guadagnare da vivere acquistando all'ingrosso e rivendendo sui mercati online esistenti non è mai stato così facile.

- <u>eBay</u>

EBay è ora il più grande e noto sito di aste e acquisti in rete, con ogni paese che ha il suo spazio locale oltre al sito internazionale. Il costo varia da paese a paese e di solito paghi una piccola tassa d'iscrizione per presentare il tuo prodotto e una piccola parte del prezzo di vendita (10%) quando il tuo articolo viene venduto. Spesso, gestiscono speciali offerte promozionali e al momento le tariffe di inserimento per i tuoi primi 50 annunci per mese solare sono gratuite. Puoi anche aprire un negozio eBay se desideri vendere su base regolare. Ci sono ottimi profitti da realizzare acquistando prodotti a basso costo e pubblicizzati male o con restrizioni che potresti acquistare e promuovere in modo attraente con un buon markup.

<u>Rivendita di altre cose su eBay</u>

A volte troverai articoli che le persone hanno messo in vendita senza essere attenti, senza immagini, con descrizioni terribili o con altre caratteristiche negative che hanno impedito alle persone di acquistare. Questi possono diventare un vero affare per l'investitore intelligente. Acquistando questi articoli al giusto prezzo d'occasione, e poi pubblicizzandoli correttamente con buone foto e descrizioni, è possibile rivenderli con un profitto sostanziale senza quasi nessuno sforzo. Inoltre, è comunque valida l'idea di vendere cose per conto di altre persone che, per qualsiasi motivo, non vogliono venderle da sole. In quel caso accetti di prendere una commissione reciprocamente concordata.

Dai un'occhiata alle fiere delle chiese, alle vendite di garage, alle fiere d'antiquariato, alle vendite immobiliari, ai negozi di opportunità e alle case d'asta: così puoi trovare vari modi di vendere oggetti a un prezzo speciale. Questo tipo di cose può portare una buona vendita su eBay (o qualsiasi altro sito simile). Dopo alcune semplici vendite, potresti potenzialmente raddoppiare o quadruplicare i tuoi soldi.

- <u>Drop Shipping</u>

Il drop shipping è il massimo fornitore di reddito passivo. Può essere fatto per funzionare automaticamente con il tuo unico input di controllare il sistema e incassare gli assegni. Con drop shipping si intende creare un front eStore che offre prodotti di determinati produttori. Il cliente visita il tuo negozio, ordina un prodotto o effettua un ordine con te e qualcun altro (di solito una società di assemblaggio in un altro paese, spesso India o da qualche parte nel sud est asiatico) rende il prodotto economico e lo spedisce direttamente al cliente. Non invii i soldi al produttore fino a quando il cliente non ti ha pagato, quindi non ci sono rischi, non vedi, gestisci o fai mai nulla con il prodotto fisico se non gestire l'intero processo (e anche quello può essere esternalizzato se lo desideri). Come venditore, questo è incredibilmente efficiente perché non è necessario disporre di inventario, costi generali, costi di archiviazione e responsabilità minima. Quindi, se hai una buona idea per un prodotto che potrebbe essere prodotto in serie a un prezzo economico, che potrebbe essere originale o che qualcun altro costruisce e tu vuoi rivendere, allora il drop shipping potrebbe essere una grande opportunità per te.

Una volta che hai un prodotto, usando il metodo drop ship, puoi vendere ovunque: sia nel tuo negozio online, sia utilizzando aziende come eBay o Amazon o alcuni degli altri siti menzionati in questo capitolo per raggiungere il pubblico più vasto possibile.

- <u>Craigslist</u>

Craigslist non offre le stesse funzionalità di eBay ma è gratuito e molte persone ritengono che sia più facile e veloce da usare. Non devi unirti per diventare un membro, anche se questa è un'opzione se vuoi essere in grado di tenere traccia dei tuoi post e ripubblicare i tuoi prodotti.

- <u>Etsy</u>

Etsy è un po 'come eBay, ma si concentra principalmente su prodotti fatti a mano o vintage. Perfetto se stai vendendo qualcosa di artistico in quanto hanno un fatturato annuo superiore a 2 miliardi di dollari e quindi sono popolari.

- Shopify

Shopify è molto semplice e facile da configurare. Offre opzioni per creare da zero il tuo negozio di e-commerce. Ha un'interfaccia di amministrazione facile da usare con oltre un centinaio di temi mobili e un sacco di incredibili app aggiuntive per tutte le tue esigenze di e-commerce.

- Weebly

Weebly è un modo semplice e conveniente per costruire il tuo sito Web, nonché un negozio online o un blog. Puoi scegliere il tuo o utilizzare uno dei loro numerosi temi, costruire il sito utilizzando un pratico meccanismo con trascinamento della selezione, scaricare l'app per dispositivi mobili e iniziare a bloggare e vendere subito. È anche un ottimo sito da utilizzare per gestire le tue campagne pubblicitarie e promozionali, gestire i canali dei social media e creare splendide newsletter.

- Simplesite.com

Questo sito offre un sito Web gratuito che include un dominio personale, design unici, un eccellente servizio clienti e ottimizzazione per dispositivi mobili e tablet,

Inoltre, è SEO-ottimizzato e viene fornito con il tuo negozio online gratuito. È il modo perfetto per avviare un'attività di reddito passivo online con un budget limitato.

Vendita di altri prodotti digitali

Esistono molti tipi diversi di prodotti digitali che puoi vendere, infatti, qualsiasi cosa tu possa pensare ha un potenziale mercato con 3,5 miliardi di persone in rete.

- <u>Vendita di siti Web e nomi di dominio</u>

Flippa.com è un ottimo sito per l'acquisto e la vendita di siti Web e nomi di dominio che, proprio come molte altre cose, inclusi gli immobili, possono aumentare di valore nel tempo. Spesso, se pensi a un grande nome di dominio e non viene preso, puoi venderlo. Se qualcuno vuole quel nome, potrebbe valerne la pena e i nomi di dominio vendono da circa 10 dollari in su, con alcuni dei più popolari che prendono diverse migliaia di dollari. Pensa a coca-cola.com o gottahaveacoke.com. Tutto ciò richiederebbe un po' di tempo e conoscenza ma potrebbe produrre un buon reddito passivo nel tempo.

- <u>Vendi foto</u>

Se hai una buona macchina fotografica e ti piace scattare foto, siti come Shutterstock, iStockphoto e Graphic Stock accettano tutti i tipi di immagini di alta qualità e poi le vendono sui loro siti a pagamento. Questo può fornirti un buon flusso costante di entrate passive, poiché tutti hanno centinaia di migliaia di visitatori ogni giorno. Questi sono i siti che molte aziende usano per trovare facilmente e comodamente le immagini che usano per i loro siti Web e prodotti. Le musiche che ascolti quando la compagnia che chiami è occupata e sei messo in attesa, quando ascolti annunci pubblicitari o quando guardi un video promozionale o qualcosa sul tuo canale, spesso provengono da aziende che vendono musica d'archivio allo stesso modo di foto e altre immagini. Se sei musicalmente produttivo, ci sono soldi da guadagnare anche in questo campo registrandoti! C'è una domanda costante in questo settore, perchè si cercano nuovi talenti originali ma, cosa più importante, non devi essere per forza un professionista per fare soldi.

Ogni volta che qualcuno utilizza qualcosa che hai concesso in licenza, potresti ricevere una piccola commissione o commissione che, nel tempo, potrebbe diventare un piccolo flusso di entrate da aggiungere a tutti gli altri flussi di reddito che dovresti creare.

Capitolo 6:
Membership

Molti siti Web ora hanno un'area protetta riservata ai soli membri. Questa è un'ottima idea in quanto significa che puoi avere visitatori gratuiti da attirare con una serie di articoli interessanti e stimati e quindi suggerire loro che possono ottenere tutti i vantaggi del tuo sito e risparmiare denaro unendosi a una tariffa nominale. Questo può essere un modo molto potente per generare entrate online e gestire un business basato sui servizi. Se i tuoi membri pagano un canone mensile o annuale per accedere a un'area protetta da password in cui sono resi disponibili contenuti esclusivi e offri un valore eccezionale e un'ampia base di interessi (o una nicchia specializzata) per rendere felici i tuoi clienti e per voler diffondere il tuo passaparola agli altri (uno dei metodi più produttivi per costruire un business online), puoi trasformare un sito medio in un'attività generatrice di reddito ricorrente, portando un flusso regolare di entrate dalla stessa base di clienti.

Uno degli altri vantaggi di un sito di proprietà è che puoi avviare il tuo sito senza che sia totalmente completo. In effetti, creando solo una piccola parte del contenuto effettivo, puoi consentire che cresca organicamente con i contenuti dei tuoi clienti. Questo può essere un enorme vantaggio e vieni pagato in anticipo. Avrai il vantaggio di avere un sito con contenuti che le persone vogliono davvero, ottenendo feedback di qualità e in tempo reale.

Spesso le persone passano molto tempo, energia e denaro per sviluppare un sito fantastico che nessuno vuole davvero e quindi nessuno pagherà. Il segreto del marketing su Internet è fornire informazioni pertinenti che le persone desiderano in un formato facile da trovare e comprendere e ad un prezzo accessibile. Più semplice è meglio è, perché alle persone piace così.

VENDITA DI SOFTWARE

La vendita di software può essere uno dei flussi di reddito passivo più proficui che puoi provare. Molte persone non ci pensano perché non hanno l'esperienza o le capacità tecniche come la programmazione o i diversi tipi di abilità di scrittura del software, ma questo aspetto non è importante. Il motivo è che tutto ciò può essere fatto da altre persone che puoi trovare sul Web senza troppe difficoltà. Una volta trovato un bravo sviluppatore del programma ed avendo una buona idea, (questa è la parte importante), diventa facile. Se riesci a trovare un prodotto o un servizio piccolo ma molto utile in un'area che deve essere indirizzata e offrire una soluzione per ciò che è necessario, il software sviluppato non deve essere costoso o ricco di funzionalità per avere successo. Spesso un piccolo strumento che risolve un grande bisogno, se valutato correttamente, può essere molto redditizio, rivolgendosi a quei 3,5 miliardi di persone (più altri 3 miliardi previsti nei prossimi anni) presenti in rete. Se riesci a ottenere 1 euro dallo 0,001% di quelle persone, potresti ottenere un ritorno di 35.000 euro e se riesci a fare una commissione ricorrente diventa tutto molto redditizio.

- <u>Servizi del sito Web</u>

Oggi tutti stanno creando un sito Web o una pagina Web personali, che sia da un PC desktop domestico, un laptop o un dispositivo portatile. La maggior parte delle persone però non è tecnicamente esperta. Quando si configura un sito Web o una pagina ci sono mille cose da fare, inclusi tutti i tipi di impostazione, programmazione e piccoli trucchi se vuoi che le cose appaiano perfette. La maggior parte delle persone è disposta a pagare qualcuno per farlo al posto loro. Se hai talento nella creazione di siti Web o in qualsiasi cosa relativa alla creazione di siti Web come SEO, scrittura, creazione di grafici, creazione di temi di siti Web, programmazione, ecc., allora potresti facilmente vendere i tuoi servizi alle persone che li desiderano. I luoghi per trovare queste persone sono Upwork, Freelancer o alcuni degli altri siti di assistenza virtuale. Le persone guardano anche su Faclibro, eBay Craigslist, ecc.

Capitolo 7: Vendita di prodotti didattici

Al momento, l'area in più rapida crescita su Internet, sia per trovare cose che per avere una presenza su Internet, è Instagram. È così semplice ed efficace che ha preso il controllo di Faclibro e YouTube a causa dell'enorme quantità di immondizia che entrambi hanno accumulato.

In questo momento i più grandi utenti di Instagram sono donne con più di 45 anni e questo non è uno scherzo. Questi utenti spesso tecnicamente impreparati, sono diventati gli utenti di numero maggiore e con un budget di spesa relativamente elevato. Queste persone sono di solito nella fase della vita in cui hanno un po 'di potere d'acquisto e sono felici di usarlo.

Sarebbe l'ideale se potessi scrivere un libro, mettendo insieme un libro informativo o, meglio ancora, qualche tipo di eProduct come una serie di DVD, software, app, set di CD didattici, corsi online, podcast, video tecnici o qualsiasi cosa che possa aiutare le persone e risolvere eventuali problemi tecnici, ecc. C'è un'enorme base di clienti già pronti su Instagram per questo tipo di prodotto (anche se non dovresti smettere di usare tutte le altre piattaforme di social media!).

Questi prodotti possono essere venduti ovunque e non vi è alcuna interazione diretta (a meno che tu non lo voglia). Spesso partono da diverse centinaia di euro e possono essere aggiornati in base alle esigenze personali, oppure puoi chiedere un indirizzo e-mail per inviare loro gli aggiornamenti in modo che queste persone diventino parte della tua base e-mail. Dovresti cercare di aggiungere contatti alla tua email in ogni occasione in quanto è la tua migliore fonte di traffico di alta qualità. Alta qualità nel senso che hanno già acquistato da te, quindi è molto probabile che lo facciano di nuovo, senza che sia necessaria troppa persuasione, soprattutto se in passato hai fornito una buona qualità.

- <u>Condivisione dei guadagni</u>

Ci sono molte persone che non vogliono o non possono occuparsi di creare il proprio sito Web e non hanno un prodotto da vendere. È qui che alcuni dei siti di compartecipazione alle entrate possono aiutarti a guadagnare denaro online senza dover fare tutte queste cose extra e prendere il tempo ad imparare come farle.

Se desideri scrivere per piacere o per hobby, puoi anche ricavare un reddito extra passivo scrivendo articoli di alta qualità e inviandoli a una varietà di clienti diversi sui siti di compartecipazione alle entrate.

- Squidoo

Squidoo è una piattaforma di scrittura che ti consente di creare pagine con contenuti ricchi e quindi utilizzare quelle pagine per vendere prodotti a scopo di lucro. Molte persone lo usano per commercializzare prodotti Amazon e eBay.

- Hubpages

Hubpages è simile a Squidoo; è una comunità di contenuti per scrittori. I membri hanno il proprio sottodominio, dove pubblicano i loro articoli ricchi di contenuti (noti come Hub). Come autore di Hubpages (o Hubber), la maggior parte delle tue entrate proviene dal tuo account Google AdSense e siti come Kontera, nonché dai programmi di affiliazione eBay e Amazon. Usano la suddivisione delle entrate, che viene eseguita alternando il codice utilizzato negli annunci pubblicitari: il codice verrà visualizzato il 60%

delle volte e il codice HubPages il 40%. Questo sito è uno dei 500 siti statunitensi più visitati su Internet.

- Infobarrel

Infobarrel è un sito più piccolo di Squidoo e Hubpages, ma il suo programma di guadagni ti consente di mantenere la maggior parte dei soldi che i tuoi articoli guadagnano come editore e hai diritto al 75% delle entrate generate dagli annunci display sul tuo articolo. Infobarrel paga direttamente agli scrittori, a differenza di Squidoo e Hubpages, quindi tutto ciò di cui hai bisogno è un conto PayPal che può essere un vantaggio se hai appena iniziato.

I forum di InfoBarrel hanno una discussione regolare intitolata "Rapporti sulle entrate di InfoBarrel", che consente di vedere facilmente quanto stanno guadagnando gli altri scrittori.

Conclusione

Grazie per aver dedicato del tempo a leggere il mio libro, spero che ti abbia dato alcune idee pratiche su alcuni dei diversi modi per costruire un reddito passivo nel lungo termine. Dando uno sguardo alla propria situazione e vedendo se ci sono aree che è possibile migliorare nella proprio settore finanziario, potrai muovere i primi passi per diventare indipendenti.

Un reddito passivo, per definizione, è il caso in cui si svolge una certa quantità di lavoro per fornire un bene su cui è possibile ottenere un rendimento. Alcune persone hanno immobili su cui raccolgono affitti o acquistano a buon mercato e rivendono a un profitto più elevato, altri investono i loro soldi in azioni o obbligazioni e vivono dei proventi. Altre persone che non hanno il capitale per fare un grande investimento dovranno usare altre opzioni come la creazione o la scrittura di libro. Questo può rappresentare un grande investimento nel tempo. Questo tipo di investimento può ripagare poiché il libro ha il potenziale per continuare a vendere per molti anni.

Di solito le persone che hanno successo nell'ottenere un reddito passivo a lungo termine lo fanno pianificando attentamente e diffondendo le loro risorse su un'area quanto più ampia possibile poiché ciò ridurrà le possibilità di perdite e massimizzerà le possibilità di ottenere un reddito migliore dalla tua base di profitto. Il vecchio detto "non tenere tutte le uova nello stesso paniere" è molto saggio. Molti investitori sono andati in fallimento perché hanno investito troppo in una sola area e non sono stati in grado di assorbire le perdite subite. Spendere al di sopra della vostra capacità totale o non tenere conto della necessità di fornire assistenza e mantenere la vostra presenza sul Web, nonché di assumervi rischi che non generano profitti, sono ricette per il disastro e dovrebbero essere evitate. Ma il buon senso e la prudenza possono fare molto per prevenire la maggior parte dei problemi.

www.ingramcontent.com/pod-product-compliance
Lightning Source LLC
Chambersburg PA
CBHW070822220526
45466CB00002B/740